L'amour de la France
expliqué à mon fils

Max Gallo

L'amour de la France expliqué à mon fils

Éditions du Seuil

ISBN : 978-2-02-034848-5

© ÉDITIONS DU SEUIL, JANVIER 1999

« Je vous salue ma France où les blés et
   les seigles
Mûrissent au soleil de la diversité. »

                    Aragon, *Le Musée Grévin*.

« Peuple qui fais le Pain, peuple qui fais
   le Vin, […]
Peuple accointé à cette petite espérance… »

                    Charles Péguy,
Le Porche du mystère de la deuxième vertu.

« La patrie n'est point le sol, elle est la communauté des affections… Chacun combat
pour ce qu'il aime. »

                    Saint Just,
Fragments d'Institutions républicaines.

Un jour de l'année 1998, alors que de toutes parts montaient les voix officielles – celles de tous les pouvoirs – qui appelaient « la » *France* à la « repentance » pour les crimes commis par *l'État* de Vichy, je me suis souvenu de mon enfance.

Dans la ville occupée par l'ennemi qui en revendiquait la possession, l'instituteur nous apprenait *La Marseillaise* et *Le Chant du départ*. En juillet 1944, j'ai vu pendre à des lampadaires, à cent mètres de chez moi, deux « francs-tireurs et partisans français ». Et les Allemands casqués pointaient leurs fusils sur nos fenêtres.

Le jour de la Libération, j'ai couru de barricade en barricade, et mon père portait un brassard tricolore. Au pied des lampadaires on avait déposé des gerbes de fleurs et une affichette : « Morts pour la France ».

Mon enfance fut donc patriotique, ma République héroïque et ma France combattante et victorieuse.

C'est ainsi que l'histoire de France est entrée en moi. Je l'ai aimée. Ma génération est-elle la dernière à vivre de cette manière son rapport à la nation ?

J'observe mon fils, penché sur son ordinateur. Il se promène, comme il dit, d'un « site » à l'autre. Il consulte son *E-mail*. Quel est son « territoire » ? Le monde ? Quel est son « enracinement » ? Internet ?

Le mot *France* signifie-t-il pour lui autre chose qu'une équipe de football dont on célèbre la victoire au cours d'une manifestation festive, peut-être aussi éphémère que l'engouement pour un groupe musical, ou ni plus ni moins importante que la *Gay Pride* ou la *Love Parade* ?

Peut-il comprendre ce qu'écrit Simone Weil, en 1943, à Londres, alors que la nation est occupée : « Un amour parfaitement pur de la patrie a une affinité avec les sentiments qu'inspirent à un homme ses jeunes enfants, ses vieux parents, une femme aimée... Un tel amour peut avoir les yeux ouverts sur les injustices, les cruautés, les erreurs, les mensonges, les crimes, les hontes contenus dans le passé, le présent et les appétits du pays, sans dissimulation ni réticence, et sans être diminué, il en est seulement rendu plus douloureux... »

Et dans ce livre intitulé précisément *L'Enracinement,* et qu'elle achève à la veille de sa mort, Simone Weil ajoute :

« Comme il y a des milieux de culture pour certains animaux microscopiques, des terrains indispensables pour certaines plantes, de même il y a une certaine partie de l'âme en chacun et certaines manières de penser et d'agir, circulant des uns aux autres, qui ne peuvent exister que dans le milieu national et disparaissent quand le pays est détruit. »

Je veux que mon fils garde vivante en lui cette « partie de l'âme » dont parle la philosophe chrétienne. Je crains que peu à peu, parce qu'on ne lui parle plus de la France, il n'appartienne à une « autre espèce ».

Égoïsme ? Je souhaite qu'il invente sa vie mais aussi qu'il comprenne mon enfance, comme j'ai compris celle de mon père. Je veux qu'il continue de pratiquer « certaines manières de penser et d'agir », celles de notre pays.

Et comme je crois qu'une nation n'existe et ne survit que si on l'aime, j'ai tenté d'expliquer l'amour de la France à mon fils.

– D'abord, regarde la France.

Oublie les villes, les autoroutes, les voies ferrées, les ports, les murs, les digues, les aéroports, les pylônes et même les haies.

Imagine les forêts et les fleuves, les grottes, les criques, les clairières, les îles, les berges.

Pense aux hommes d'avant, aux premiers qui ont peuplé ce finistère, cette extrémité d'Europe, plus tard devenue la France. Ce sont eux qui ont peint sur les parois de leurs grottes les animaux blessés, eux qui ont dressé les menhirs et les dolmens, eux qui ont édifié les premières tombes afin d'honorer et de veiller sur leurs morts.

Ils ont ainsi commencé d'ensemencer cette terre. Ils sont l'humus de notre histoire, les génies de nos lieux.

Et ceux qui les suivirent, Celtes, Ligures, Grecs, Romains, Wisigoths, Francs, Normands, tant d'autres, s'installèrent souvent là où les premiers vécurent.

Si bien que notre terre est comme une superposition d'hommes, un enchevêtrement d'histoires. Fouille sous l'une des premières églises romanes, et tu trouveras un lieu de culte païen. Creuse les berges de la Seine, et tu découvriras des pirogues. Regarde le Panthéon, ce monument qui, au cœur de Paris, est dédié depuis la Révolution de 1789 aux grands hommes envers lesquels la Patrie se veut reconnaissante. Ce fut d'abord une église. Penche-toi. Au coin de la place se dresse la tour Clovis, et les rues portent les noms de Clotilde, l'épouse chrétienne de Clovis devenue sainte, et de Clotaire, le fils du roi des Francs. Et c'est sur cette montagne Sainte-Geneviève, dans l'église Saint-Étienne-du-Mont, que sont conservés quelques restes des reliques de Geneviève, qui, dit-on, appela en 451 les Parisiens à se battre contre les Huns. Et non loin, là, sur la même colline, se dressaient les premières huttes gauloises.

Il n'est pas un lieu de cette terre, de ce grand cap de continent qui s'enfonce dans l'océan, que balaient les vents, qui est ouvert au nord, à l'ouest et au sud, sur les mers et donc sur le monde, qui ne soit ainsi comme un palimpseste, ces manuscrits où les couches d'écriture se recouvrent l'une l'autre. Mais il suffit de vouloir lire pour retrouver la phrase ancienne dont les clercs, dans leurs abbayes, instinctivement, reproduisaient les sinuosités.

Il n'est pas un lieu de cette terre, de ce grand môle – car elle n'est pas qu'un cap –, dont le cœur est le Massif central, protégé au loin par les plus hauts parapets d'Europe, Alpes, Pyrénées, et donc qui est place forte, qui ne soit ainsi comme un immense suaire où se lisent les défrichements des premiers temps, les sentiers, puis les voies romaines, comme si toute cette terre avait été quadrillée, sillonnée par les hommes depuis toujours.

Et l'on retrouve, dans une grotte au bord de la Méditerranée, les traces d'un feu, les reliefs d'un repas, les débris d'une vaisselle d'il y a dix mille ans. Et ce lieu se nomme maintenant Terra Amata. Dans la crique voisine, les Grecs un jour débarquèrent, vainquirent les Ligures, appelèrent la cité qu'ils fondèrent Nikaia – victoire – et la petite cité voisine, Antipolis, parce qu'elle lui faisait face de l'autre côté de cette baie baptisée Baie des Anges. Les légions romaines pacifièrent la région, dressèrent un mausolée à Auguste. Et sur l'une des collines qui entourent la ville d'aujourd'hui, devenue Nice, et d'où l'on aperçoit Antibes, Antipolis, on se promène dans les thermes que les Romains créèrent, on s'assied sur les gradins des arènes, à peine plus petites que celles que d'autres Romains construisirent au pied de la colline Sainte-Geneviève, à Lutèce.

Il n'est pas un lieu de cette terre, de cette marqueterie de terroirs, de ce puzzle, semblable à un autre. Et cependant, ils s'ajustent et restent unis. Les mers, l'océan, comme des parapets, les empêchent de se disperser. Les fleuves sont autant de liens noués autour des bassins qui, tels des lacs de terre, entourent le Massif central. Et au milieu de l'un d'eux, qu'on appelle Parisien, il y a l'Île-de-France.

« Comme la vue d'un portrait suggère à l'observateur l'impression d'une destinée, ainsi la carte de France révèle notre fortune[1]. »

Et Aragon ajoute :

« Je vous salue ma France où les vents se calmèrent
Ma France de toujours que la géographie
Ouvre comme une paume aux souffles de la mer
Pour que l'oiseau du large y vienne et se confie[2]. »

Quand tu marches sur cette terre, quel que soit le lieu que tu arpentes, souviens-toi qu'un homme est passé avant toi, a chassé ou tracé un sillon, élevé une palissade, puis un autre est venu, qui a taillé les pierres pour dresser un mur, bâtir une tour, et quand celle-ci s'effondre, la pierre est reprise et devient maison ou basilique.

1. Charles de Gaulle, *Vers l'armée de métier*.
2. Aragon, *Le Musée Grévin*.

Regarde la France, elle est tissée à main d'homme, et c'est ce travail-là, millénaire, cette chaîne et cette couture jamais interrompues qui la constituent.

Songe à ce qu'il a fallu d'obstination pour que soient du même pays, depuis près de quinze siècles, l'ardoise et la tuile, le lard ou le beurre, et l'huile d'olive, le vin et le cidre ou la bière, le Normand et l'Occitan, le Breton et le Flamand, l'homme de la plaine et celui de la montagne, les Gaulois Éduens et les Gaulois Arvernes.

Et tu as vu les Français de toute provenance, l'un kabyle et l'autre arménien, celui-ci blanc de peau et celui-là noir, l'un basque et l'autre breton, et tous ceux-là constituant ensemble une équipe de France victorieuse dans une compétition sportive mondiale. Et suscitant dans toute la nation l'enthousiasme puisque le pays y reconnaissait sa diversité et son rêve d'unité toujours menacée.

Car, que l'homme cesse de coudre, et tout peut se défaire. Les Éduens pactisent avec les Romains. Les Bourguignons collaborent avec les Anglais contre les Armagnacs. Jeanne d'Arc est brûlée vive, condamnée par des « Français » agissant pour le compte de l'Anglais. Les catholiques égorgent, une nuit de la Saint-Barthélemy, au mois d'août 1572, le 24, les huguenots. Les Bleus tuent les Blancs de Vendée en l'an 1793. Les versaillais fusillent les communards. Les « bons Français », les « purs Français » livrent les résistants et les juifs à l'occupant allemand.

La France peut se défaire comme un vêtement qui tombe en pièces dès qu'on ne tient plus les fils serrés.

Regarde la France, pays de volonté humaine, c'est-à-dire ce qu'il y a de plus fort et ce qu'il y a de plus faible. C'est cela, notre nation.

– Je t'écoute et j'ai l'impression que tu rêves. Bien sûr, comme tous mes camarades j'ai couru, il y a quelques mois, dans les rues de Paris en agitant le drapeau français. J'ai même chanté *La Marseillaise* puisque l'équipe de France avait gagné la coupe du monde de football. Durant quelques semaines, j'ai eu l'impression de vivre dans le pays tel que tu voudrais qu'il soit. Et puis je me suis réveillé. Les lampions sont éteints. Des bandes cassent les vitrines place de la Nation ! Je vois que la France est déjà déchirée et chacun s'en va de son côté, emportant son lambeau d'avenir et de passé. Qui a encore la volonté, hormis pendant quelques soirées de fête, de les coudre ensemble ?

Les uns s'enveloppent dans le grand manteau d'une Europe souveraine. Plus de franc, plus de parapets. La Savoie tend la main à la Lombardie, Montpellier à Barcelone, Strasbourg jette un nouveau pont sur le Rhin, la Bretagne se sent de plus en plus celtique, et la Corse corse.

Est-ce cela, le futur de la France, le retour des grandes régions ?

Dis-moi, je veux savoir.

Tu m'as appris autrefois que Mirabeau, en 1789, à la veille de la Révolution, parlait du royaume de France, divisé en provinces, comme d'un « agrégat inconstitué de peuples désunis ».

Je regarde la France et je la vois ainsi.

J'entends chanter ici Nique Ta Mère et j'écoute là le murmure de ceux qui prient, agenouillés devant les cliniques où l'on pratique l'avortement qu'ils condamnent.

Tu veux que j'oublie les villes, et j'aperçois les incendies dans les banlieues où des bandes de jeunes – comme à Los Angeles, dit-on – mettent le feu à des dizaines de voitures. Ce morceau de France-là, qu'est-ce que j'en fais ? Dois-je crier : « La France aux Français », défiler en agitant un drapeau bleu-blanc-rouge, rejoindre ceux qui se rassemblent autour de la statue de Jeanne d'Arc ?

Tu me dis que tu n'as rien de commun avec eux. Mais ils invoquent comme toi le passé. Ils disent qu'ils veulent serrer les fils de la nation. Est-ce cela la France d'aujourd'hui ? Et n'ai-je le choix qu'entre ceux qui changent de vêtements et ceux qui nouent la camisole de force ?

Dis-moi, je veux savoir.

Autrefois aussi, tu m'as appris qu'en 1539, à Villers-Cotterêts, le roi François Ier édicta une ordonnance qui imposait l'emploi du français, au lieu du latin, dans tous les actes judiciaires et notariés. Et tu me disais avec solennité et fierté : « C'est le rôle de l'État, en France, de maintenir la cohésion de la nation, et l'unité de la langue est facteur d'unité nationale. »

Écoute les vieilles langues de nos provinces, qui revendiquent le droit d'enseigner, de parler, de chanter le breton et le corse, l'alsacien et le flamand, le basque et l'occitan. Ici, on parle portugais ou arabe et, là, chinois. Et recouvrant le tout de sa puissance universelle, entends l'anglais. Est-ce notre latin, qui n'est donc plus une langue étrangère ainsi que l'a souligné un ministre de notre Éducation nationale ?

Et sur les pelouses de l'Élysée, le 14 juillet 1998, pour célébrer la victoire de l'équipe de France, on chante *We are the champions* !

Dis-moi, le français est-il voué à devenir l'une des langues régionales de cette juxtaposition de provinces que devrait être la France dans la grande Europe ?

Je veux savoir de quelle France tu me parles.

Parfois, j'ai l'impression que tu récites, avec ton accent, les premières lignes des *Mémoires de guerre* du général de Gaulle.

Tu te souviens ? Il dit :

« Toute ma vie je me suis fait une certaine idée de la France. Le sentiment me l'inspire aussi bien que la raison. Ce qu'il y a en moi d'affectif imagine naturellement la France telle la Princesse des Songes ou la madone aux fresques des murs, comme vouée à une destinée éminente et exceptionnelle. J'ai d'instinct l'impression que la Providence l'a créée pour des succès achevés ou des malheurs exemplaires. S'il advient que la médiocrité marque pourtant ses faits et gestes, j'en éprouve la sensation d'une absurde anomalie, imputable aux fautes des Français, non au génie de la patrie. Mais aussi le côté positif de mon esprit me convainc que la France n'est réellement elle-même qu'au premier rang, que seules les vastes entreprises sont susceptibles de compenser les ferments de dispersion que son peuple porte en lui-même, que notre pays, tel qu'il est, parmi les autres, tels qu'ils sont, doit, sous peine de danger mortel, viser haut et se tenir droit. Bref, à mon sens, la France ne peut être la France sans la grandeur. »

Me proposes-tu de rester fidèle à cette vision-là, celle d'un homme qui a appris à penser avant le début de ce XXe siècle qui se termine, alors que tu m'as répété que les rapports entre les hommes et le monde – le travail ou la vitesse, etc. –, les liens qui les unissent au sein de la société ou ceux qui se tissent entre les continents, durant ces cent années, ont plus changé qu'en mille ans ?

Je veux savoir ce qu'est la France aujourd'hui. Ne me parle plus de celle d'hier. Pourquoi ne pas suivre ceux qui assurent que les nations, comme les hommes, naissent et meurent ? La France, n'est-ce qu'un moment de l'histoire qui s'achève ? N'est-il pas temps d'abandonner les parapets, alors qu'ils n'arrêtent plus rien ? Tout passe au-dessus d'eux, les hommes, les voix, les images.

Qu'est-ce que la France à l'heure d'*Internet* ? Pourquoi ne pas laisser au musée Grévin cette vieille idée de nation ? Le monde n'est-il pas un, l'Europe n'est-elle pas notre avenir, la Terre notre patrie ?

Qui sont les Français en cette fin de siècle ? Les connais-tu seulement, toi qui parles de la France ?

Je les vois autour de moi, au lycée, dans la rue, sur leurs rollers, au McDo, au restaurant chinois ou italien, devant leur écran d'ordinateur, chacun veut son morceau d'identité et veut user de sa liberté d'être seulement soi. Ils peuvent, certains soirs, agiter le drapeau français, le temps d'une victoire sportive, mais que cesse la compétition et je vois des musulmans, des juifs et des chrétiens, des Maliens et des Chinois, des Maghrébins et des Roumains, des femmes, des hommes, des homosexuels. Ils manifestent. Ils occupent des églises. Les *drag queens* défilent le jour de la *Gay Pride*. Tous veulent avoir le droit de se comporter comme ils l'entendent sur ce sol. Mais ce territoire est-il la France pour eux, ou bien simplement un morceau du monde où ils espèrent pouvoir vivre un peu moins mal qu'ailleurs, tout en restant ou en redevenant ce qu'ils sont ? Français ? Ce n'est pas la première question qu'ils se posent. Ils veulent avoir le droit d'être des individus, tout simplement.

Mais peut-être voudrais-tu que j'écoute les tambours de guerre de ceux qui parlent de la Patrie, de la Famille, des « valeurs françaises » qu'il faut défendre contre « l'invasion étrangère » et la décadence des mœurs ?

Sinon, quelle France pour moi ?

– Celle qui te manquera si tu la quittes.

– Non, je ne me contenterai pas de cette réponse.

Tu vas à nouveau me parler de la « Princesse des Songes ».

J'évoque les communautés qui se replient et se couvrent la tête du voile de leur identité, religieuse, régionale, sexuelle, et tu me dis : « Ta France est celle qui te manquera si tu la quittes. » Et tu voudrais que j'accepte ce retour à l'affectif ? As-tu si peu d'arguments ?

– Je t'avance le plus fort, l'indiscutable, celui qui met les hommes en mouvement, parce que c'est le cœur, l'âme, l'enraciné dans la mémoire qui s'exprime par l'émotion, l'instinct et le sentiment d'appartenance.

Cela échappe aux instituts de sondage, aux statisticiens.

Il faut être poète et ethnologue, historien et promeneur, il faut surtout être simple, savoir humer le vent, sentir le pays comme on déguste un vin.

On le respire d'abord, on l'effleure des lèvres, on le garde en bouche, on laisse le palais et la langue s'imprégner de toutes les nuances de cette saveur rouge ou blanche ou jaune paille. Je te parle du vin, je pourrais nommer les fromages, les fameux trois cents fromages de France qui vont chacun avec leur vin et disent l'alchimie millénaire d'un terroir.

C'est cela, un pays. On est uni à lui par les pores, les papilles, l'odorat, les yeux, les sens en somme. Et c'est pourquoi je te dis comme premier argument, et ce pourrait être le seul : « Ta France est celle qui te manquera si tu la quittes. »

Tu n'identifieras pas tout de suite ce sentiment d'absence, de vide qui se creusera en toi, jour après jour. Tu t'imagineras que tu regrettes ta chambre, ton enfance, et, plus tard peut-être, le visage et le corps d'une femme. Puis, par séquences de plus en plus longues, tu verras défiler des paysages, tu entendras des voix qui s'y accrochent.

Tu rouleras sur cette longue route droite balayée par le mistral et qui va comme un trait blanc entre les vignes secouées et les cyprès courbés de Suze-la-Rousse à Vaison-la-Romaine, ou de Sainte-Cécile-les-Vignes au château de Rochegude. Tu graviras les escaliers du sanctuaire sous une pluie fine et glacée cependant que la marée et la brume recouvriront peu à peu la baie du Mont-Saint-Michel. Tu flâneras au crépuscule dans les rues d'un village de Provence, ce pourrait être Sablet parce que nous y allâmes toi et moi, et tu verras se découper sur l'horizon rouge les dentelles de Montmirail. Tu ne diras pas : « La France me manque. » Tu ne sauras pas encore que la France est une absence, une douleur, un point sensible au cœur, parce qu'il n'est pas d'amour, d'attachement, sans inquiétude, sans souffrance, sans nostalgie, sans angoisse. Tu ne te douteras pas d'abord de l'importance qu'elle occupe dans ta vie. Il faudra que tu t'en éloignes, que tu aies le sentiment de la perdre, pour mesurer qu'elle est dans ton corps parce qu'elle est dans ta mémoire, et dans ton esprit parce qu'elle est dans tes sens. Et je ne dis pas : « sang », parce que la France n'est pas pays de sang, je te l'expliquerai plus tard.

Quelle France, demandais-tu ?

C'est le pays que tu veux revoir quand tu en es séparé, c'est la langue que tu veux entendre, parler et lire quand, autour de toi, on ne l'utilise plus.

C'est le moment où, malgré toi, tu ne t'interroges plus sur le lambeau de France qui te convient plus qu'un autre, sur la partie de son histoire que tu exaltes, tu n'es plus pour les *blancs*, les *bleus*, les *noirs*, les *rouges*, les *roses*, tu la vois comme le vêtement d'une seule pièce dont tu rêves, tu dis : « La France », et tu comprends ce que signifient ces mots : « une et indivisible ». Elle est cela pour toi, une personne, qui a une longue histoire, des cicatrices, des blessures ouvertes, un avenir peut-être incertain, des défauts et même des vices. Tu veux bien qu'on te dise tout cela, et tu réponds : « Mais c'est *la* France. » Parce qu'elle est en toi. Et si son équipe de football gagne la coupe du monde, tu chantes, tu exultes.

– Tu ne me convaincs pas. Tu cherches à m'émouvoir et tu y réussis. Oui, je me souviens de la Provence, et des voûtes de l'abbaye de Sénanque, et des forêts autour de Clairvaux. Je me souviens même de la tombe du général de Gaulle au cimetière de Colombey-les-Deux-Églises, et ton émotion que tu ne pouvais dissimuler m'a surpris et touché. Oui, j'ai crié de joie le soir du match de la finale de la coupe du monde de football. Mais j'attendais de toi un autre discours.

La France, ce serait donc le vin et le fromage, les paysages et les monuments, la nostalgie, les souvenirs d'enfance. Et pourquoi pas le football. Sais-tu comment on appelle cela ? L'exaltation des racines, de l'identité. Tu es dans l'air frisquet du temps. Autrefois, tu me parlais des citoyens et de la République, de la laïcité et de *L'Internationale*. Et je t'ai entendu dire avec orgueil que cette chanson rouge avait pour auteur Eugène Pottier, communard, exilé, qu'elle avait conquis le monde en français. Tu te souviens des paroles de l'hymne des « prolétaires qui n'ont pas de patrie » ? « Du passé faisons table rase. » « L'Internationale sera le genre humain. »

Mais depuis que nous parlons de la France, tu n'évoques que le passé, et tu te recroquevilles sur la nation. Que fais-tu du Français Eugène Pottier ? En quoi es-tu différent de ceux qui, dans tous les recoins sombres du monde, le racisme et la xénophobie au poing, défendent leur identité, leurs racines, leur « race », leur appartenance, leur religion ? Ou bien de ces pays qui n'ont plus en commun que le sport, parce qu'ils ont été dépossédés de leur histoire et qu'ils ne sont plus de vrais acteurs sur la scène du monde ? Alors ils se réfugient dans les stades pour mimer la grandeur perdue dont le sport est la petite monnaie. Pas sans valeur, mais pleine d'illusion de fraternité, de puissance. Comme le reflet de la gloire et de l'héroïsme, qui ne sont pas sans sacrifice et efforts collectifs, alors qu'on vit la victoire sportive par délégation, procuration. C'est cela, la France, pour toi ?

– Tout vient à son heure. Les questions que tu poses sont légitimes. J'y répondrai.

Mais pourquoi ne pas parler d'abord de l'amour qu'on ressent pour la France, des émotions qu'elle suscite en nous ? Pourquoi ne pas dire qu'elle est notre terre, nos racines, notre identité ? Qu'est-ce qui te fait peur dans ce que je dis ? L'air glacial qui souffle est celui qui déracine, qui rend chaque humain amnésique. S'enraciner en France, c'est s'arc-bouter, résister, sans régresser ou se compromettre. Car être français, ce n'est pas choisir une religion, une ethnie ou une région. Les religions, les groupes humains d'origines diverses se sont, je te l'ai dit, mêlés dans notre finistère. Être français, c'est s'enraciner seulement dans une volonté humaine, dans une histoire que l'on veut précisément collective, commune à tous ceux qui sont d'ici, sur ce sol, ceux qui le furent hier, Éduens ou Arvernes, Blancs ou Bleus, papistes ou huguenots, Noirs ou Rouges, et ceux qui le sont aujourd'hui. Revendiquer l'appartenance française, c'est être d'un lieu qui est tant de paysages, tant de diversités, tant d'hommes, tant d'histoires entassées, tant de crus, tant de fromages, tant de parlers qu'il en devient une idée pure, celle de la nation. Qu'on la lacère ou l'abandonne, et nous retrouverons les morceaux incarnés. Celui-ci se dit corse et passe sa cagoule. Celui-là se veut basque et manie l'explosif. Tel autre veut qu'on ne parle plus que breton ou qu'on publie seulement en langue occitane. Et c'est ainsi qu'on glisse d'une idée de la France, de son État, de la nation, aux fureurs des nationalismes et au fanatisme des intégrismes. Je suis musulman, dit l'un ; je suis juif, dit l'autre. Je n'épouse qu'un homme ou une femme de ma tribu. Et on assassine un préfet, symbole de l'idée de nation, et on pose des bombes dans le métro.

Comprends pourquoi je commence par te parler de l'amour de la France, de cette construction que les hommes d'ici ont réussi à constituer alors que tant de forces cherchaient à la faire éclater.

Est-ce que l'amour de cette idée de France te fait peur ? Ou alors, tu imagines qu'on doit seulement parler de politique, de textes de lois. On ne bâtit pas d'abord une nation avec la froide et efficace prose des légistes. Ils mettent en forme la passion d'un peuple. Mais ce sont les poètes qui tissent la trame profonde, ce sont eux qui disent l'amour, la douceur et la douleur françaises.

« Ma patrie est la faim, la misère et l'amour », dit Aragon.

Et encore :

> « Je vous salue ma France aux yeux de tourterelle
> Jamais trop mon tourment, mon amour jamais trop
> Ma France mon ancienne et nouvelle querelle
> Sol semé de héros ciel plein de passereaux [1]. »

Je sais que l'amour de la France existe et qu'il est à l'origine, parce que les poètes le chantent.

Cela commence il y a près de mille ans, vers 1080. Un homme écrit dans la région d'Avranches, sans doute est-il l'un de ces clercs qui sont la mémoire du temps. Il calligraphie 4 002 vers dans une langue qui se dégage du latin comme se brise la coquille d'un œuf. Peut-être ce poète qui cherche les assonances et choisit des vers de dix pieds s'appelle-t-il Théroulde ou Turold. Il ne rêve pas à la gloire. Il raconte l'histoire du neveu de Charlemagne qui commandait l'arrière-garde de l'empereur et qui tomba dans une embuscade tendue par les Basques dans la vallée de Roncevaux, au cœur des Pyrénées, le 15 août 778. Roland se battit en traçant avec sa grande épée Durandal des sillons sanglants parmi ses ennemis. Trois siècles plus tard, le clerc d'Avranches compose la première *chanson de geste*. Elle raconte l'histoire du chevalier blessé qui se soucie de ne pas laisser son arme entre des mains indignes.

1. *Ibid.*

« Ne vos ait om qui facet codardie !
Dieu, ne laissez que France en seit honide ! »

Tout à coup, donc, la France, presque une incon-
nue, surgit au détour d'un vers en l'an 1080, et elle
se donne un héros, qui craint pour elle parce qu'il
l'aime et qu'il ne veut pas abandonner son épée.

« Puisse jamais ne t'avoir un homme capable de
     couardise
Dieu, ne permettez pas que la France ait cette honte ! »

Et le clerc poursuit : « Le comte Roland est étendu
sous un pin, la face tournée vers l'Espagne. Il sent
que la mort l'envahit : de la tête elle gagne le cœur…
Il se met à se ressouvenir de bien des choses, de toutes
les terres qu'il a conquises, de la *douce France*… »
Le fil de la broderie est engagé. L'amour de
France, de la « douce France », sera la trame. Peu
importe à quelle coterie le poète appartient.
Écoute Charles d'Orléans fait prisonnier par les
Anglais à Azincourt en 1415. Ils le traînèrent de prison en prison durant vingt-cinq ans. C'était le temps
où la France était divisée entre les Armagnacs et
les Bourguignons, le temps de Jeanne d'Arc brûlée
vive pour plaire aux Anglais. Et cette année-là,
1431, Charles d'Orléans est toujours prisonnier à
Douvres. Il ne pense pas d'abord à cette guerre civile
mêlée de guerre étrangère qui durera près de cent
ans. Il oublie les Armagnacs et les Bourguignons.
Il oublie la guerre à laquelle il a pris part et dont il
souffre puisqu'elle le maintient captif. Il dit seulement *la* France.

« En regardant vers le païs de France,
Un jour m'avint, a Dovre sur la mer,
Qu'il me souvint de la *doulce plaisance*

Que souloye oudit pays trouver,
Si commençay de cueur à souspirer,
Combien certes que grant bien me faisoit
De voir France que mon cueur amer doit[1]. »

Voilà la mélodie, voilà la voix de la France. Et la graine ne meurt pas. De la chanson de Roland à une chanson de Charles Trenet, cinq siècles passent. Mais c'est encore la même voix :

« *Douce France*
Cher pays de mon enfance
Bercé de tendre insouciance
Je t'ai gardé dans mon cœur
Mon village
Au clocher, aux maisons sages
Où les enfants de mon âge
Ont partagé mon bonheur
Oui, je t'aime
Dans la joie ou la douleur… »

Sais-tu que, dans les années 80, cette chanson a été interprétée par Rachid Taha et son groupe Carte de séjour ? Ce fut une de mes plus grandes joies : des Français, de souche récente, musulmans souvent, retrouvent, vivifient le vieux « chant national ». Qui dit que la France ne peut plus intégrer ?

Car de la « douce France » à la « doulce plaisance » du « païs de France », c'est la même relation d'affection avec ce lieu qui devient peu à peu la nation : quelle preuve te faut-il encore pour te convaincre que, depuis mille ans, les poètes « tissent » une « certaine idée de la France » ? Et qu'il

---

1. Charles d'Orléans, *Ballades*. « En regardant vers le pays de France / Un jour advint à Douvres sur la mer / Qu'il me souvint du doux plaisir / Qu'en ce pays je trouvais / Et mon cœur commença à soupirer / Mais à mon cœur amer voir la France faisait grand bien. »

est impossible de comprendre et d'expliquer cette nation sans tenir compte de ce travail, jamais interrompu, de ce chant qui, génération après génération, se déploie, de cet amour qu'on porte à ce pays.

L'un – Joachim du Bellay – dit, au XVIe siècle :

« France, mère des arts, des armes et des lois,
Tu m'as nourri longtemps du lait de ta mamelle.
Ores, comme un agneau que sa nourrice appelle,
Je remplis de ton nom les antres et les bois. »

Et il ajoute :

« Plus me plaist le séjour qu'ont bâti mes ayeux
Que des Palais romains le front audacieux
Plus que le marbre dur me plaist l'ardoise fine
Plus mon Loyre Gaulois, que le Tybre latin
Plus mon petit Lyré que le mont Palatin
Et plus que l'air marin la doulceur angevine » [1].

L'autre – Chateaubriand – parle deux siècles plus tard de la même voix :

« Combien j'ai douce souvenance
Du joli lieu de ma naissance
Ma sœur, qu'ils étaient beaux, les jours
De France !
Ô mon pays, sois mes amours
Toujours [2] ! »

Et Aragon, en cette année 40 de tous les malheurs, est à l'unisson :

« Je n'oublierai jamais les jardins de la France
Semblables aux missels des siècles disparus
Ni le trouble des soirs l'énigme du silence
Les roses tout le long du chemin parcouru
[…]

1. Joachim du Bellay, *Les Regrets*.
2. Chateaubriand, *Aventures du dernier Abencérage*.

Tout se tait. L'ennemi dans l'ombre se repose
On nous a dit ce soir que Paris s'est rendu
Je n'oublierai jamais les lilas et les roses
Et ni les deux amours que nous avons perdus [1]. »

Et c'est Aragon encore qui semble faire écho à *La Chanson de Roland* quand, dans ce même printemps de défaite, il raconte :

« J'ai traversé les ponts de Cé
C'est là que tout a commencé
Une chanson des temps passés
Parle d'un chevalier blessé
[...]
Ô ma France ô ma délaissée
J'ai traversé les ponts de Cé [2]. »

La France ne serait pas née, n'aurait pas survécu sans ceux qui la nommèrent, inventant sa langue, chantant leur amour pour elle et clamant leur douleur quand elle était déchirée, vaincue. Ce sont eux, les premiers poètes, qui, alors que les Capétiens rassemblaient les terres à coups de glaive et défendaient la nation naissante un dimanche de juillet, le 27 de l'année 1214, à Bouvines, eux, les clercs, qui unissaient dans leurs poèmes et leurs romans le sud de ce cap d'Occident, le pays de la douceur, à l'âpreté du Nord, et l'amour provençal à la légende celtique. Aux uns le glaive, aux autres la plume. Mais si l'un n'est rien sans l'autre, le vers est une lame qui ne s'ébrèche pas.

J'aimerais que tu lises les romans de Chrétien de Troyes, ce clerc né, donc, en Champagne, que tu découvres Perceval, Lancelot, Cligès, Yvain, Tristan,

1. Aragon, « Les Lilas et les Roses », in *Le Crève-Cœur*.
2. Id., « C », in *Les Yeux d'Elsa*.

les chevaliers de la Table ronde partis à la conquête du Graal. J'aimerais que tu voies se lever dans ces vers une certaine idée de la France qu'évoquait déjà quelques décennies avant *La Chanson de Roland* :

> « Il vaut mieux mourir
> À honneur qu'à honte vivre
> [...]
> Que jamais de France ne sorte
> La gloire qui s'y est arrêtée. »

Comprends-tu mieux la France ? Mesure en tout cas à quelle profondeur, millénaire, s'enfoncent les racines de notre nation, et combien il est imprudent et peut-être fou de croire qu'elle peut, comme l'imaginent certains, et tu les écoutes, s'effacer, se fondre ou s'émietter sans que cela ne suscite en elle des soubresauts, une résistance insoupçonnés.

La France peut paraître accablée ou indifférente à son sort, amnésique à ce qu'elle fut, soumise, prête même à accepter sa disparition. On lui dit tant que son avenir est hors d'elle-même qu'elle semble le croire. On la convainc qu'elle est fautive de vouloir se souvenir de ce qu'elle fut, de ce qu'elle est encore.

Cela s'est déjà produit dans notre histoire, souvent. Je voudrais te citer à nouveau un poète, un catholique, Paul Claudel. Le 14 septembre 1943, il écrit « La France parle ».

> « Je suis vieille – dit-elle –, on m'en a fait de toutes
>   sortes jadis, mais je n'étais pas habituée à la honte !
> On n'a pas seulement livré mon corps, on a installé
>   quelqu'un dans mon âme.
> Quelqu'un a dit au monstre : "Prends-la ! C'est elle,
>   cette chose consentante et infâme !"

La voilà, cette pauvre chose, une fois de plus, qui avait pris les armes, laissez-moi rire ! pour le droit !

Mais maintenant, c'en est fini des chimères, voici l'ordre indubitable et froid

…Voilà ce que depuis trois ans je m'entends dire par la bouche de quelqu'un qui parle à ma place.

On s'est assis sur mon cœur et j'entends quelqu'un qui parle à ma place.

Quelqu'un qui parle sinistrement à ma place et qui s'exerce à répéter chaque matin

Que c'est bien fait, que c'est moi la coupable, et que j'ai tout mérité, et que tout espoir est mensonge, on l'a éteint,

Et que pour être tout à fait bien dans la honte, il n'y a qu'à s'y installer pour de bon

Quand on est des vaincus, chère Madame, ça dispense d'avoir des prétentions [1]. »

Tout semble joué pour la France.

Et pourtant, le 18 juin 1940, une voix s'élève : « Quoi qu'il arrive, la flamme de la résistance française ne doit pas s'éteindre et ne s'éteindra pas. » Et des écrivains répondent à celui qui brandit « le tronçon du glaive », ce qui reste des armes de la France après la débâcle de mai et juin. C'est *Le Silence de la mer*, un livre de Vercors, dont le titre dit bien que, sous les apparences du calme, dans les profondeurs, la vague se lève.

René Char, en même temps qu'il combat, écrit les *Feuillets d'Hypnos* et raconte cette *France-des-cavernes*. « J'ai confectionné avec des déchets de montagnes des hommes qui embaumeront quelque temps les glaciers [2]. »

1. Paul Claudel, *Poèmes et Paroles durant la guerre de Trente Ans*.
2. René Char, *Feuillets d'Hypnos*, p. 124 et 130.

Et Aragon déclame :

« Vous pouvez condamner un poète au silence
Et faire d'un oiseau du ciel un galérien
Mais pour lui refuser le droit d'aimer la France
Il vous faudrait savoir que vous n'y pouvez rien[1]. »

Ainsi se fait, une fois de plus, comme au temps de Bouvines, l'alliance du glaive et de la plume, et la France que l'on croyait ensevelie ressuscite.

Un poète lance :

« Eh bien, c'est encore vrai tout de même que je suis la France !
Et s'ils ont vu mon abaissement, ils verront maintenant que c'est ma délivrance
Ça valait la peine de la mort et du cachot, et de la honte et des ténèbres de la nuit
[...]
Et moi dans la profondeur de la nuit, je faisais un pacte avec mes racines !
Mes racines qui ne sont pas, comme vous vous vantez des vôtres, dans la boue, dans le sang et dans la matière,
Mais dans l'humble volonté de Quelqu'un épousé par ma volonté tout entière
La volonté de Dieu, tant pis pour moi ! à travers l'obstacle et l'interstice... »

Ces vers sont de Paul Claudel, bien sûr, qui ajoute :

« Prends ta place, Mère honorée, à la grande Pâque des Nations ! »[2]

---

1. Aragon, *Plus belle que les larmes.*
2. Paul Claudel, *Poèmes et Paroles durant la guerre de Trente Ans.*

Tu hausses les épaules ?

– Je m'étonne et m'inquiète. Tu me fais entendre une langue oubliée. J'en connais tous les mots. Ils appartiennent au français et pourtant je ne la comprends plus. Comment croire aujourd'hui que Dieu a distingué la France parmi toutes les nations ? C'est bien cela que dit Claudel ?

– Les Français l'ont pensé pendant plus de dix siècles, et si tu oublies cette certitude qui les a habités, leur foi, tu ne comprends pas cette nation, ni pourquoi elle a survécu.

– Tu me parlais de l'amour des poètes pour le « païs de France », voilà maintenant que tu me parles de la foi en Dieu.

– Tout se lie. Et tu ne dois, si tu veux démêler cette tresse serrée qu'est l'histoire de notre nation, oublier aucun fil. Amour de la douce France, foi en Dieu qui l'a choisie, conviction qu'elle est la nation chrétienne par excellence, la fille aînée de l'Église, patriotisme, tout cela durant un millénaire ne fait qu'un. Tu le vois si tu parcours le pays de part en part, du Mont-Saint-Michel au monastère des îles de Lérins, en face de Cannes. Il n'est pas un mont de ce pays où ne s'élève un calvaire. Pas un champ qui ne soit traversé par un chemin qu'empruntèrent les pèlerins. Les uns marchaient vers Saint-Jacques-de-Compostelle, et la coquille qui est leur marque est encore gravée au-dessus des portes des églises ou des gîtes d'étape. Les autres se dirigeaient vers Jérusalem pour prier, délivrer, défendre et honorer le tombeau du Christ.

– Et ces croisés brûlaient ou massacraient tous les « infidèles », juifs d'Allemagne ou musulmans en Palestine et en Syrie.

– Je ne justifie rien. Je te dis seulement que c'est

autour de la foi chrétienne que s'est tissé ce pays. Pas un village qui ne soit rassemblé autour de son clocher. Et si tu t'enfonces dans une vallée, ou si tu t'arrêtes au sommet d'un col, tu découvres souvent une abbaye ou un monastère. Et faut-il que je t'énumère ces flèches lancées comme pour lier le ciel à la terre de France, Paris, Reims, Albi, Agen, Chartres… Il faudrait citer toutes les villes. Que serait le visage de la France sans le sourire de Reims ? sans les basiliques de Saint-Denis ou de Vézelay ? Ni roman, ni gothique, ni vitraux, ni christs en majesté sans foi chrétienne. Elle a exprimé l'élan et le génie d'une nation.

– Tu parles comme ceux qui continuent de célébrer la messe en latin, ou bien qui brandissent des oriflammes blanches à l'emblème du Sacré Cœur de Jésus. C'est là, la France que tu me proposes ?

– Je te montre seulement la manière dont elle a été cousue et maintenue des siècles durant. Je te parle de l'évêque de Tours, Grégoire, qui écrit en 580 les *Decem Libri Historiarum – L'Histoire des Francs*. Il raconte comment Clovis, le roi des Francs, après avoir battu à Soissons Syagrius, le roi des Romains, épouse Clotilde, fille chrétienne du roi des Burgondes, et, après la victoire de Tolbiac en 496 sur les Alamans, se fait baptiser pour remercier le Christ de lui avoir permis de vaincre.

Je te parle donc de cette union de 498 entre la monarchie naissante et l'Église, entre le souverain et les évêques, entre le roi et Dieu. Et cela se passe à la basilique de Reims – qui restera pour tous les rois de France le lieu du Sacre –, et c'est l'évêque Rémi – saint Rémi – qui verse trois fois de l'eau sur la tête de Clovis, « au nom du Père, du Fils et du Saint Esprit ». Écoute le récit de Grégoire de Tours :

« Ce fut le roi qui le premier demanda à être baptisé par le pontife… Le saint de Dieu l'interpella d'une voix éloquente en ces termes : *"Mitis depone colla, Sicamber !"* – dépose humblement tes colliers (tes amulettes païennes), Sicambre ! – Adore ce que tu as brûlé, brûle ce que tu as adoré. »

Plus tard, en 507, dans la plaine de Vouillé, « à dix milles de la ville de Poitiers », Clovis bat et tue le roi wisigoth Alaric. Il choisit Paris comme capitale. Son palais, tu peux en visiter les fondations au cœur du quartier Latin, les thermes de Cluny. Et on lui prête d'avoir promulgué en ce lieu la loi dite salique, « qui exclut et forclot femmes de tout en tout de pouvoir succéder à la couronne de France ». « Ce royaume serait, à la semblance de la monarchie célestielle, firmament de la foi catholique et gouverné continuellement par stable et virile Providence, et ne serait point triboilié par inconstances de passions féminines dont la violence a tourné maints royaumes en ruine. »

Et la chronique conclut : « Le roi Clovis mourut à Paris et fut enseveli dans la basilique des Saints Apôtres que lui-même avait construite avec la reine Clotilde. »

C'est à Saint-Denis, où seront inhumés les rois et les reines de France.

Tu vois l'importance « nationale » de Clovis. Il est, par la plume de Grégoire de Tours, le roi vainqueur, le roi législateur, le roi parisien, le roi pieux, le premier et le seul en son temps roi baptisé catholique, ami des évêques donc.

La France est ainsi devenue la fille aînée de l'Église. Et sur l'oriflamme de ses rois à partir du XIe siècle figure le lys, parce que cette fleur est le symbole de la pureté virginale, et donc signe de dévotion envers la Vierge Marie.

« Car jadis la Mère de Dieu
Élut ce champ délicieux
Pour avoir en celui lieu
Beau service et mélodieux
et en cestui champ azuré
Sema les trois fleurs de lys d'or. »

Le royaume de France est lié ainsi intimement, par le baptême du premier roi, à l'Église, et revendique cette « filiation ».

Sais-tu ce qu'est le cri de ralliement de la monarchie ? « Montjoie et Saint-Denis ! »

Montjoie, affirment les uns, rappelle le nom d'un village de Palestine d'où les croisés aperçurent pour la première fois Jérusalem, en 1099. Mais, selon d'autres, il désigne les lieux où, entre Paris et Saint-Denis, on a déposé, un moment, les cercueils des rois, comme les stations d'un chemin de croix vers le « cimetière des rois », Saint-Denis, où affluaient les visiteurs.

– En quoi cela importe à la France d'aujourd'hui, le pays où je vis ? On ne prie plus dans les églises. On s'y rend comme on visite les pyramides d'Égypte ou celle du Louvre ! Qui se soucie de Clovis, des fleurs de lys, sinon les traditionalistes, les intégristes ? Saint-Denis n'est plus le cimetière des rois, mais le lieu où l'on a construit le Grand Stade de France, c'est là que vont les nouveaux pèlerins.

– Et tu les as entendus crier « Allez France ! » et entonner l'hymne national. Car on n'efface pas la mémoire d'un lieu. Si l'on retire un fil majeur à l'histoire de France, c'est tout le tissu qui s'effiloche, et le peuple n'accepte pas la destruction de ce qui l'enveloppe depuis plusieurs siècles. Ou alors, il faut « changer le peuple », et cela s'appelle une guerre civile ou un massacre, voire un génocide.

La France a connu cela. On a beaucoup tué dans ce pays.

Quand les révolutionnaires de 1793 veulent « déchristianiser » la nation, qu'ils brisent les statues des rois et dispersent les reliques de la basilique de Saint-Denis, ils mutilent en vain des tombeaux de rois. Ils creusent leur fosse. La tradition millénaire d'alliance entre la France et l'Église catholique est si forte qu'ici et là, en Vendée, dans le Midi, des « chouanneries » se dressent contre le pouvoir. Et les massacres, les noyades ou les exécutions sommaires, les guillotines sur les places ne peuvent les réduire. Il faudra recoudre. Napoléon Bonaparte conclut un concordat avec Rome et, quelques années plus tard, il se fera sacrer empereur à Notre-Dame, par le pape.

– Veux-tu m'expliquer qu'on ne peut rien changer en France, jamais rompre avec le passé, et qu'en somme la Révolution de 1789 et sans doute celles qui ont suivi n'ont servi à rien ?

– Je ne dis pas cela. Les événements se succèdent sans cesse, la broderie change, la trame elle-même peu à peu évolue, mais ce sont d'abord les mêmes fils que l'on tisse, même s'ils sont de couleurs différentes. Et il faut des décennies, voire des siècles, pour qu'enfin, déchirure après déchirure, tuerie après tuerie, couture après couture, constitution après constitution, un vêtement nouveau apparaisse.

Ainsi, tu me parlais de la Révolution de 1789. Elle est le début d'un autre cycle de l'histoire de France.

Elle commence par lacérer, taillader le tissu profond du pays. L'exécution du roi Louis XVI, le 21 janvier 1793, est un acte d'une violence symbolique immense, dont on mesure mal aujourd'hui la force sacrilège. Le bourreau ne tranche pas qu'une tête, mais le fil qui depuis plus d'un millénaire tient ensemble les événements qui constituent l'histoire nationale et leur donne ainsi un sens.

La France est une nation « élue de Dieu », protégée et sauvée par Lui. Le pacte sacré s'est noué avec le baptême de Clovis et, depuis, Dieu multiplie les signes, fait des miracles au bénéfice de ce royaume. Les rois sont de droit divin. Louis IX est un saint. Attenter à la vie du monarque, c'est commettre un déicide. Changer la monarchie en république après avoir jugé et décapité le roi, c'est détruire l'ordre voulu par Dieu. C'est être un impie.

Tu peux imaginer le traumatisme. Il faut renoncer à Saint Louis et à sainte Jeanne d'Arc. Transformer l'église Sainte-Geneviève en Panthéon, et telle ou telle chapelle en « temple de la Raison ». Un abîme s'ouvre dans les mémoires, si profond qu'un Robespierre tente de le combler avec un « culte de l'Être suprême », des cérémonies à la « gloire du Grand Architecte de l'Univers », une sorte de « déisme », de « religion » nouvelle qui est la tentative d'utiliser la vieille trame pour broder un nouvel ordre politique. Naturellement, c'est l'échec. Napoléon rendra les églises au culte. Et il enrôlera Jeanne d'Arc dans sa guerre contre les Anglais. Deux siècles plus tard, elle est encore une figure présente. Paul Claudel la magnifie dans la première moitié du XXe siècle, sans rien changer à la tradition. Écoute-le raconter la vie de sainte Jeanne d'Arc :

> « Lance au poing et dans son étui de fer aussi claire
>   que le soleil d'avril à sept heures,
> Voici Jeanne sur son grand cheval rouge qui se met
>   en marche contre les usurpateurs
> [...]

Et quand elle voudrait s'arrêter, il y a ce grand coup dans son cœur et cette voix

Qui lui dit : *Fille de Dieu !* – ah *Fille de Dieu*, que c'est doux ! *Fille de Dieu, va, va, va* !

Quelqu'un qui entend : *Fille de Dieu !* est-ce qu'il y a moyen de s'arrêter ?

[...]

Et maintenant écoutez, Messieurs les hommes d'État, et vous tous Messieurs les diplomates, et vous tous, Messieurs les militaires

[...]

Jeanne d'Arc est là pour vous dire qu'il y a toujours quelque chose de mieux à faire que de ne rien faire. »

Mais Jeanne est vouée au bûcher. Et Claudel conclut :

« L'Esprit qui a été le plus fort, et Jeanne d'Arc au milieu !

Cette flamme déracinée du bûcher ! elle monte !

Je dis là-haut cette espèce d'ange dans son étui !

Cette pucelle et cette patronne et cette conductrice au plus profond de la France arrachée par l'aspiration du Saint-Esprit » [1].

– Si c'est cela, la France, que fais-tu de ceux qui ont d'autres racines et qui sont les Français d'aujourd'hui ? Tu parles du baptême de Clovis et de Saint Louis, de la France fille aînée de l'Église, et maintenant de sainte Jeanne d'Arc. Moi, je te parle de mes amis Akim et Khadija, Samuel et Sarah, musulmans ou juifs. Les uns sont des millions. Les autres des centaines de milliers. Ils vivent ici. Ils sont français. Que veux-tu que je leur dise, qu'ils ne sont pas à leur place dans ce pays des abbayes et des

1. Id., « Sainte Jeanne d'Arc », in *Visages radieux*.

cathédrales, parce que la chrétienté est l'assise d'une nation qui est pourtant aussi la leur ? N'est-ce pas cela qu'a prétendu le gouvernement de la collaboration avec les nazis, quand il célébrait le culte de Jeanne et faisait porter l'étoile jaune aux juifs ? Ne crains-tu pas de favoriser, en rappelant les origines nationales et ce qui fut un temps « l'âme » de ce pays, la xénophobie, le racisme, les programmes politiques en faveur d'une France fermée, recroquevillée sur son passé et qui n'existe plus que chez les défenseurs d'une identité et d'une « race » françaises ?

– Il faut dire ce qui est, tout ce qui est, dans l'histoire d'une nation. Et il ne faut pas se laisser influencer par ceux qui, en ce moment, se réclament de Jeanne d'Arc. Pétain la faisait sienne. Mais depuis Londres, de Gaulle, condamné à mort par un tribunal militaire aux ordres de Pétain, invitait en 1941 les Français à marquer par une heure de silence le jour de la fête de Jeanne d'Arc, en signe de ralliement à la France Libre. Car Jeanne d'Arc, c'est la volonté d'indépendance de la nation, le jaillissement du patriotisme chez la plus humble des bergères, et donc dans la profondeur du peuple, c'est la conviction que la France – nation et royaume – ne peut mourir. C'est la foi que, « quoi qu'il arrive, la flamme de la résistance française ne doit pas s'éteindre et ne s'éteindra pas ».

Qui parle ainsi ? Ce pourrait être Jeanne d'Arc. Mais, je te l'ai dit, c'est le général de Gaulle, le 18 juin 1940, alors qu'il est seul dans une capitale étrangère et que le pays est vaincu, que tout ce qu'il compte d'autorités s'est agenouillé, se rendant à merci à l'ennemi. Et une voix s'élève, qui puise sa force dans cette « tradition » nationale que Jeanne a, au fil des siècles, incarnée.

Pourquoi cela devrait-il être tû ? Bien des historiens qui soulignent le rôle décisif de Jeanne ne croient pas à sa « sainteté ». Mais c'est la foi catholique qui exprimait alors l'attachement à la nation. Et donc, Jeanne était bien « fille de Dieu ». Et il est vain, néfaste, inutile, au nom de ce qu'est la France de la fin du XXe siècle, ce pays, en effet, où la deuxième religion est l'islam et où, comme tu l'as dit, les églises sont vides, de ne pas rappeler qu'en l'an mille Raoul Glaber évoquait, dans son *Historiam sui Temporis,* ce « blanc manteau d'églises qui recouvre la chrétienté ». L'héritage de la France est indivis. Et en son centre, il y a le *Génie du christianisme.* Il y a saint Bernard qui, à Vézelay, en août 1146, prêche la deuxième croisade : « J'ai ouvert la bouche, j'ai parlé, et aussitôt les croisés se sont multipliés à l'infini. » Il y a Pascal, Bossuet, Chateaubriand, Péguy et Claudel. Et aussi les bûchers, les massacres, la Saint-Barthélemy, et les dragonnades contre les protestants, et les colonnes infernales qui parcourent les campagnes de Vendée et traquent les chouans qui veulent défendre leurs paroisses. Et il y a les lois antisémites de Vichy, et Jean Moulin. Et Diderot, et Voltaire, et la tradition de la libre-pensée. Les jésuites et la Ligue de l'enseignement.

Héritage indivis. Même si, à bon droit, l'engagement dans la vie publique oblige à choisir.

C'est ainsi que Jaurès, écrivant une histoire de la Révolution française, est confronté à la personnalité et au rôle de Robespierre : « Oui, il y avait en lui du prêtre et du sectaire, écrit-il, une prétention intolérable à l'infaillibilité, l'orgueil d'une vertu étroite, l'habitude tyrannique de tout juger sur la mesure de sa propre conscience, et, envers les souffrances, la terrible sécheresse de cœur de l'homme obsédé par une idée et qui finit peu à peu par confondre sa personne et sa foi, l'intérêt de son ambition et l'intérêt de sa cause. »

Mais Jaurès conclut, parce que l'histoire est choix : « Ici, sous ce soleil de juin 1793 qui échauffe votre âpre bataille, je suis avec Robespierre et c'est à côté de lui que je vais m'asseoir aux Jacobins. »

Souvent, dans l'histoire nationale, des Français ont été contraints de choisir et de s'engager ainsi dans des guerres civiles plus ou moins longues et dans lesquelles l'un des camps « français » avait l'appui de l'étranger. Guerre de Cent Ans, Armagnacs contre Bourguignons alliés des Anglais. Guerres de religion : catholiques recherchant l'aide des Espagnols et huguenots soutenus par les pays protestants. Sans-culottes contre aristocrates, ceux-ci ayant souvent « émigré ». Et c'est un marquis de Limon qui rédige, en juillet 1792, le *Manifeste* de Brunswick, par lequel ce général commandant les troupes austro-prussiennes menace Paris d'une « exécution militaire » et d'une « subversion totale » : « Les vengeances s'approchent. Il vient un moment où vous voudrez, au prix de vos larmes et de votre or, racheter vos forfaits, mais il ne sera plus temps, les cœurs seront pour vous de bronze et votre terrible punition sera un exemple qui effraiera à jamais les villes coupables. » Bleus contre chouans soutenus par les Anglais, communards de 1871 contre versaillais bénéficiant de la compréhension des Prussiens qui encerclent Paris. Et, il y a un peu plus d'un demi-siècle, résistants contre collaborateurs des nazis, de Gaulle contre Pétain qui serre la main de Hitler.

Chaque fois, ceux qui se battent pour le salut de la nation trouvent pour défendre l'indépendance de la France l'appui des Français de toutes opinions qui récusent l'ingérence étrangère. Et le plus souvent, ces patriotes l'emportent. Et même dans les circonstances particulières de la Commune de Paris – les communards ne sont pas seulement des patriotes mais aussi des révolutionnaires « internationalistes », et les versaillais peuvent se présenter comme les défenseurs de la nation –, un officier patriote, Rossel, les rejoint pour devenir un temps leur ministre de la Guerre. Et autour de De Gaulle se rassemblent dans la France Libre aussi bien des monarchistes, des hommes d'extrême droite, de gauche et d'extrême gauche, patriotes pour qui le sort de la France importe d'abord.

Mais ces luttes sont toujours cruelles. Des dizaines de milliers de communards sont fusillés, Rossel condamné à mort. Sais-tu qu'il y eut, de 1940 à 1944, 60 000 personnes exécutées, plus de 200 000 déportées, dont à peine 50 000 survivantes ? « Et cela, avec le concours de bon nombre d'officiels et d'une masse de délateurs, excités et applaudis par un ramas de folliculaires [1]. »

Tragédies de l'histoire nationale, où l'on pousse jusqu'à l'extrême les oppositions, peut-être parce qu'il ne peut y avoir de concession de la part du « pouvoir » qui toujours prétend relever d'une « légitimité supérieure » : qu'il s'agisse de Dieu – le droit divin – ou de ce qu'il en reste dans la légitimité républicaine. Car même si, après plus d'un siècle de révolutions, de réactions, d'affrontements, la séparation de l'Église et de l'État est enfin décidée en 1905, et si la République est ainsi laïque, « ne reconnaissant ni ne subventionnant aucun culte », l'esprit

1. Charles de Gaulle, *Mémoires de guerre*, t. 3 : *Le Salut*.

« religieux » demeure. On est idéologue. On détient *la* vérité. La tradition de l'affrontement sanglant est ainsi, depuis peut-être les origines « gauloises » – Éduens contre Arvernes ? –, l'un des fils rouges de l'histoire nationale.

On dresse les barricades, on égorge, on fusille, certains préfèrent l'Étranger au Français de l'autre camp, on prend le pouvoir par la force, donc on tue.

> « L'enfant avait reçu deux balles dans la tête […]
> Pourquoi l'a-t-on tué, je veux que l'on m'explique
> L'enfant n'a pas crié Vive la République […]
> Vous ne comprenez point, Mère, la politique
> Monsieur Napoléon, c'est son nom authentique
> […] il sauve la famille, l'église et la société
> Il veut avoir Saint-Cloud plein de roses l'été
> Où viendront l'adorer les préfets et les maires
> C'est pour cela qu'il faut que les vieilles grands mères
> De leurs pauvres doigts gris que fait trembler le temps
> Cousent dans le linceul des enfants de sept ans [1]. »

Mais le *châtiment* de ceux qui, comme Louis-Napoléon le 2 décembre 1851, font un coup d'État sanglant, c'est qu'il se lève toujours un Victor Hugo pour les fustiger, les poursuivre au-delà de leur temps, au nom d'une « certaine idée de la France ».

> « Oui, tant qu'il sera là, qu'on cède ou qu'on persiste
> Ô France ! France aimée et qu'on pleure toujours
> Je ne reverrai pas ta terre douce et triste
> Tombeau de mes aïeux et nid de mes amours !…
> Si l'on n'est plus que mille, eh bien, j'en suis ! Si même
> Ils ne sont plus que cent, je brave encore Sylla
> S'il en demeure dix, je serai le dixième
> Et s'il n'en reste qu'un, je serai celui-là [2]. »

1. Victor Hugo, *Les Châtiments*, Jersey, 2 décembre 1852.
2. Id., *Ultima Verba*.

– Tu n'as toujours pas répondu à ma question sur ces Français d'aujourd'hui qui n'appartiennent pas à la tradition catholique.

– La France est désormais laïque, c'est une manière nouvelle de dire qu'en France, malgré le baptême de Clovis et le lien entre le roi et le Dieu chrétien, le pouvoir s'est toujours voulu indépendant, libre de ses gestes. Lors de son sacre, Napoléon prend la couronne d'empereur et la place lui-même sur sa tête en présence du pape. Alors, l'islam n'est qu'une religion de plus dans un pays laïque où chacun peut vénérer librement le dieu qu'il choisit.

– Ce que tu m'as dit de la violence passée des affrontements dans ce pays ne te fait-il pas craindre pourtant qu'un jour à venir des Français oublieront qu'ils sont citoyens d'une même nation et se verront d'abord appartenant à des communautés différentes ?

– Tu as raison de t'inquiéter. Rien n'est jamais joué. Si l'héritage est indivis, la tentation reste toujours présente de choisir pour modèle dans l'histoire de France le persécuteur au lieu du tolérant, celui qui tue au lieu de celui qui accueille. Alors, et cela, je te l'ai dit, fait aussi partie de notre héritage, l'exclusion l'emporte, c'est le malheur qui surgit.

Écoute le poète Agrippa d'Aubigné, huguenot, quatre fois condamné à mort, qui vit pendre des protestants à Blois, réussit à échapper aux tueurs qui le traquaient la nuit de la Saint-Barthélemy et dut s'exiler à Genève. Il dit ce que devient la nation quand elle se déchire.

« Je veux peindre la France une mère affligée
Qui est entre les bras de deux enfants chargée
Le plus fort, orgueilleux, empoigne les deux bouts
Des tétins nourriciers, puis, à force de coups

D'ongles, de poings, de pieds, il brise le partage
Dont nature donnait à son besson l'usage…
Elle dit : "Vous avez, félons, ensanglanté
Le sein qui vous nourrit et qui vous a portés.
Or vivez de venin, sanglante géniture
Je n'ai plus que du sang pour votre nourriture"[1]. »

C'est ce qui survint entre 1940 et 1944.

« Une fois de plus dans le drame national, le sang français coula des deux côtés. La patrie vit les meilleurs des siens mourir en la défendant. Avec honneur, avec amour, elle les berce en son chagrin. Hélas ! Certains de ses fils tombèrent dans le camp opposé. Elle approuve leur châtiment, mais pleure tout bas ces enfants morts. Voici que le temps fait son œuvre. Un jour, les larmes seront taries, les fureurs éteintes, les tombes effacées, mais il restera la France[2]. »

Et un homme vient qui pour un temps la rassemble. Il assume tout l'héritage, en invoquant l'ensemble de la nation. « Ni bonnet rouge, ni talon rouge, je suis national », dit Napoléon Bonaparte.

Et de Gaulle reprend la trame : « La France, c'est tout cela à la fois, c'est tous les Français. Ce n'est pas la gauche, la France ! Ce n'est pas la droite, la France ! Naturellement, les Français, comme de tout temps, ressentent en eux des courants. Il y a l'éternel courant du mouvement qui va aux réformes, qui va aux changements, qui est naturellement nécessaire, et puis il y a aussi un courant de l'ordre, de la règle, de la tradition, qui lui aussi est nécessaire. C'est avec tout cela qu'on fait la France. Prétendre faire la France avec une fraction, c'est une erreur grave, et prétendre

1. Agrippa d'Aubigné, *Les Tragiques*.
2. Charles de Gaulle, *Mémoires de guerre*, t. 3 : *Le Salut*.

représenter la France au nom d'une fraction, cela, c'est une erreur nationale impardonnable... Je ne suis pas d'un côté, je ne suis pas de l'autre, je suis pour la France[1]. »

– Et s'il fallait d'abord être « pour l'homme », à quelque nation qu'il appartienne ? Si parler de la France comme tu le fais était une manière d'affirmer une hiérarchie entre les peuples, le nôtre puis tous les autres ? Et alors, comment éviter que cela ne conduise à nouveau, un jour, à la rivalité puis au conflit ? Est-il raisonnable de chanter encore aujourd'hui un hymne national qui clame des paroles guerrières :

« Aux armes, citoyens, formez vos bataillons
Marchons, marchons
Qu'un sang impur abreuve nos sillons » ?

– Ce chant, je t'ai entendu le chanter sur les gradins des stades durant la coupe du monde de football.

– Cela ne le justifie pas.

– Tu as eu raison de te laisser aller. Et tu as tort aujourd'hui de condamner *La Marseillaise* sans connaître ses origines. Ce n'était d'abord, en 1792, que *Le Chant de guerre de l'armée du Rhin*. La tension entre aristocrates et patriotes est extrême. On approche du paroxysme de la crise. L'illusion de « l'unité nationale » suscitée par la Fête de la Fédération – ce grand moment de notre histoire – le 14 juillet 1790 s'est dissipée. « Les amis du roi » à l'intérieur et à l'extérieur des frontières, les nobles regroupés aux Tuileries autour de Louis XVI, et ceux qui ont émigré et servent dans l'armée austro-prussienne de Brunswick veulent rendre au souverain les pouvoirs qu'il a perdus depuis le 14 juillet

1. Id., le 15 décembre 1965, interview télévisée.

1789 et la prise de la Bastille. On craint donc une « Saint-Barthélemy des patriotes ». Je t'ai parlé du *Manifeste* de Brunswick, qui promet les « révoltés au supplice ». Quand les volontaires marseillais entrent dans Paris en entonnant le *Chant de guerre* :

> « Contre nous de la Tyrannie
> L'étendard sanglant est levé »,

puis :

> « Entendez-vous dans les campagnes
> Mugir ces féroces soldats
> Qui viennent jusque dans nos bras
> Égorger nos fils et nos compagnes »,

ils décrivent sans outrance la réalité. Alors, le refrain « Aux armes, citoyens, formez vos bataillons » n'est qu'un appel à la défense nationale. Et à Valmy, le 20 septembre 1792, les volontaires qui crient face à l'armée de Brunswick : « Vive la nation » ne sont pas des « nationalistes » ni des soldats de conquête, mais des « patriotes » qui défendent les « droits de l'homme et du citoyen » et affirment ainsi une nouvelle manière de poursuivre l'histoire nationale.

Goethe, présent sur le champ de bataille, l'a compris, qui déclare : « De ce lieu, de ce jour, date une nouvelle époque de l'histoire du monde. »

Il ne dit pas que la France est la première des nations, il constate qu'elle ouvre un nouveau champ d'action aux hommes.

Le lendemain, 21 septembre 1792, la république est proclamée et désormais, la France se conjugue avec les mots de *nation*, de *citoyen*, de *république*, de *liberté*, d'*égalité* et de *fraternité*. Mais cette république est l'héritière de la monarchie. Elle renoue les fils après les avoir tranchés. Elle ne prétendrait pas être « le modèle des nations, leur inspiratrice » si elle n'avait pas été « fille aînée de l'Église ». Et les Jacobins, la Convention, le Comité de salut public n'auraient pas gouverné avec cette poigne de fer, cette volonté centralisatrice, s'ils n'avaient pas été les descendants de Richelieu, et de Louis XIV. Lazare Carnot, l'organisateur des armées de la République, vient de Louvois, comme Napoléon est à la fois l'héritier de Louis XIV et de Maximilien Robespierre.

– Et les uns et les autres font la guerre. Les armées de Louvois saccagent le Palatinat, celles de Bonaparte pillent l'Italie, et qu'elles soient au service de la République ou de l'Empire, les armées françaises parcourent l'Europe de Madrid à Moscou, avant d'entreprendre, aux quatre coins du monde, les guerres de conquête coloniale. Que fais-tu de cette France-là ?

– Elle fait partie de l'héritage. Et pourquoi nierais-je que l'un des vêtements de la nation, tout au long de son histoire, fut l'uniforme du soldat ? Tu sembles t'en indigner ! Tu présentes les armées de la France comme des troupes de soudards s'en allant incendier les pays voisins ! Essaie de comprendre plutôt, toi qui n'as connu que la paix, qui ignores le bruit des régiments étrangers martelant les Champs-Élysées. Ce n'est pas si loin que cela, 1940. La nécessité de se défendre contre les invasions – et il y en a eu tant ! – a été un impératif national. La frontière du Nord-Est est une plaie béante. En quelques jours, suivant les vallées, on peut gagner Paris sans rencontrer une seule barrière naturelle. On descend l'Oise et la Marne, on remonte la Seine. Et voici Paris encerclé par les Huns, les Normands ou les Prussiens, Paris où, un jour, les Cosaques sont même venus camper.

Peux-tu même imaginer ce que c'est qu'un village envahi, les portes défoncées, les femmes forcées, les récoltes brûlées, les hommes massacrés ? Notre histoire est gorgée de sang, et il n'est pas une région qui ne se souvienne d'une bataille, d'un fait de résistance, des représailles de l'occupant. Oradour-sur-Glane, brûlé avec ses habitants le 10 juin 1944, n'est que le dernier massacre d'une longue liste dont l'origine se perd.

Notre histoire est donc pleine d'hommes qui se réfugient dans les forêts et deviennent des « francs-tireurs et partisans français ». En 1870 ou 1943, ils constituent des maquis, harcèlent l'occupant. Le Vercors et les Glières sont dans la tradition nationale de la résistance à l'invasion.

Et pourquoi ne pas en trouver l'origine derrière les palissades d'Alésia ? Car le combat de Vercingétorix devint, dans la mémoire collective, telle qu'on la constitue dans les livres qui racontent le passé de la nation, le premier acte de « patriotisme ». Certes, il s'agit d'un anachronisme. La Gaule n'est pas encore la France. Mais il faut, à la fin du XIXe siècle, alors que la France est humiliée, mutilée par la défaite de 1870, exalter l'amour de la patrie, la confiance dans la nation, dans ses vertus guerrières. On chante :

> « Vous n'aurez pas
> L'Alsace et la Lorraine
> Et malgré vous
> Nous resterons français
> Vous avez pu germaniser la plaine
> Mais notre cœur
> Vous ne l'aurez jamais. »

Tu souris, tu te moques. Tu n'imagines pas qu'il te soit nécessaire, un jour, de prendre les armes pour défendre ton sol. À cette idée, tu t'indignes, n'est-ce pas ?

– L'Europe…

– Nul ne sait jamais ce qu'il en sera de l'avenir. On ne joue pas l'histoire d'une nation millénaire sur un demi-siècle de paix. La surprise et la tragédie sont les ressorts de l'Histoire. Les grands empires que l'on imagine éternels s'effondrent aussi. La paix, brusquement, peut se briser comme une porte qu'un soldat étranger fracasse à coups de crosse.

– Alors, il faudrait se préparer à la guerre, à nouveau ? Mais ouvre les yeux ! Est-ce qu'il n'y a pas, désormais, une histoire commune des nations européennes ? Est-ce qu'il n'est pas temps de remiser les uniformes et d'oublier la France en armes ? Qui veut encore chanter « Aux armes, citoyens » sinon durant la coupe du monde de football ? Qui veut tuer ou se faire tuer pour la patrie ? Le service militaire obligatoire a été supprimé à la plus grande satisfaction de tous. Sais-tu ce qu'on pense : pourquoi perdre une année sous les armes alors qu'il n'y a plus de nation à défendre !

– Tu parles comme celui qui refuse de voir l'avenir. Qui pouvait croire, il y a quelques années, que des villes d'Europe – Sarajevo, Dubrovnik – seraient détruites par les combats ? La guerre se profile toujours à l'horizon de l'histoire des hommes. Alors, souviens-toi des étudiants qui, le 11 novembre 1940, ont manifesté place de l'Étoile, dans Paris occupé et vaincu. Souviens-toi des patriotes combattants tombés tout au long de notre histoire, et tu comprendras mieux pourquoi notre fête nationale, le 14 juillet, commence par un défilé des armées, pourquoi notre histoire est à ce point marquée par la tradition militaire et pourquoi notre littérature compte tant d'officiers de plume qui parlent des *Servitudes et Gran-deurs militaires*, de *La France et son armée*. Pour-quoi à côté des grandes écoles – l'École normale supérieure, l'École nationale d'administration –, l'École polytechnique est aussi une école militaire, et ses élèves défilent en tête, le 14 juillet, devant ceux de l'école d'officiers de Saint-Cyr.

Le sort de la nation a tenu au sort des armes. Et donc aux hommes dont le métier était de les employer. Comment ne se seraient-ils pas tous sentis au cœur de la vie nationale et n'auraient-ils pas souf-fert souvent d'être délaissés ?

– Et les guerres de conquête ? Et Madrid, et Moscou, et Diên Biên Phu ? Ces villes ne sont pas françaises que je sache !

– Il faudrait étudier chaque guerre de notre his-toire, saisir l'enchaînement des événements, com-prendre comment les volontaires qui, à Valmy, font reculer les troupes austro-prussiennes, deviennent quelque dix ans plus tard les « grognards » de Napo-léon. Sache seulement que, si tu retires à l'histoire de France ce fil de la tradition militaire, elle ne se comprend plus.

« La France fut faite à coups d'épée. Nos pères entrèrent dans l'Histoire avec le glaive de Bren-nus[1]. » C'est ainsi. Et la fleur de lys n'est pas seule-ment le signe du lien avec la Vierge Marie, mais « symbole d'unité nationale, [elle] n'est que l'image d'un javelot à trois branches[2] ».

Pendant des siècles, le chevalier fut ainsi le soldat de la France, de Dieu et de son roi. Et celui-ci appelle à son secours ses hommes liges :

1. Id., *La France et son armée*.
2. *Ibid.*

« Seigneurs, je ne suis qu'un homme seul
Qui que je sois, je suis Roi de France
Garder me devez… »

Et Jeanne d'Arc ne chevauche pas de Domrémy à Orléans pour aller s'agenouiller. La « fille de Dieu » s'en va combattre comme un chevalier. Elle commence un *nouveau* chapitre de la chanson de geste du « patriotisme », qui rythme l'exploit du combattant, du patriote, du soldat, prêt au sacrifice pour le service de la nation, que ce soit à Bouvines, à Austerlitz, à Waterloo, à Bir Hakeim.

Pendant la Révolution, ces hommes chantent :

« Mourir pour la patrie
Est le sort le plus beau
Le plus digne d'envie. »

Ils ne font que reprendre deux vers de Corneille dans *Horace* :

« Mourir pour la patrie est un si digne sort
Qu'on briguerait en foule une pareille mort. »

Si tu oublies ce sentiment-là, cet héroïsme, celui par exemple des marins du *Vengeur*, un navire qui, en 1793, résista aux bâtiments anglais :

« Voyez ce drapeau tricolore
Qu'élève en périssant leur courage indompté
Sous les flots qui les couvre entendez-vous encore
Ce cri : "Vive la liberté"[1] »,

si tu oublies ce patriotisme, l'histoire même de la France t'échappe.

Souviens-toi du monument aux morts de notre village du Sud : il est situé à l'entrée du cimetière, et nous nous y sommes souvent arrêtés. Je voulais que

1. Ébouchard-Lebrun, « Ode sur le vaisseau *Le Vengeur* ».

tu lises cette liste de noms, « Morts pour la France », « Tombés au champ d'honneur », durant la Première Guerre mondiale. Et parmi ces noms, ceux des trois fils d'une même famille.

Nous sommes allés à Verdun, tu t'en souviens ? C'est le lieu du grand massacre, et le champ de croix s'étend à l'infini devant l'ossuaire. Et ces noms gravés dans la plaque de marbre apposée dans le hall de ton lycée ? Professeurs et jeunes gens de dix-huit ans morts comme plus d'un million d'autres. Quand tu passes, arrête-toi. Lis ces noms. Quel poète, quel savant, quel homme tout simplement n'a pu, frappé d'une balle en plein front comme le poète Charles Péguy, donner sa mesure ? Et regarde aussi cette plaque au coin d'une rue : « Ici est tombé pour la Libération de Paris, le 24 août 1944… » Cela s'est passé hier. J'étais né. Et j'ai vu pendre, à quelques centaines de mètres de chez moi, je te l'ai souvent raconté, deux « francs-tireurs et partisans français », c'était le 23 juillet de cette même année 44.

Ces hommes-là, patriotes, sais-tu ce qu'ils disaient souvent au moment de leur mort ?

> « Bonheur à tous. Bonheur à ceux qui vont survivre
> Je meurs sans haine en moi pour le peuple alle-
> mand[1]. »

Car, vois-tu, le patriote français veut combattre pour des valeurs « universelles ». Il n'est pas l'homme qui défend sa « race », son « sang ». Sa terre, certes, mais parce qu'elle est aussi le lieu où s'incarnent sa mémoire, ses idées, où s'épanouissent les « principes », les « valeurs ».

1. Aragon, « Strophes pour se souvenir », in *Le Roman inachevé*.

Un temps, durant un millénaire, ce furent celles de la chrétienté. Puis, celles des droits de l'homme. Les croisés voulaient libérer le tombeau du Christ, se mettant ainsi au service de tous les chrétiens. Les soldats de l'An II obéissaient à la Révolution, qui leur disait : « Mourez pour délivrer tous les peuples, vos frères. » Et c'est Victor Hugo qui ajoute : « France, France, sans toi, le monde serait seul. »

Illusions ? Les croisés massacraient, les volontaires pillaient, et les peuples ne croient jamais aux « missionnaires armés », comme l'avait pressenti Robespierre. Sans doute. Mais il reste cet élan, cette « mission », cet universalisme dans le patriotisme français.

Si tu oublies cette « ambition » française, tu ignores l'un des ressorts essentiels de l'histoire de la nation. La France s'est rêvée, pensée comme le « modèle des nations ». Elle a voulu enseigner aux autres peuples « la Déclaration des droits de l'homme et du citoyen » et offrir à chaque nation une « statue de la Liberté ». Nation pédagogue proclamant que tous les hommes sont égaux entre eux, qu'ils soient savoyards ou bretons, kabyles ou canaques, elle a voulu – même au cœur de l'oppression coloniale – répandre l'idée laïque de citoyenneté. Ses instituteurs ont répété à des Africains, à des Berbères, à des Mélanésiens qu'ils avaient pour « ancêtres » des Gaulois : dans cette affirmation ridicule apparaît l'idée d'égalité entre les hommes, qu'ils fussent noirs ou blancs, animistes ou musulmans. Et c'est l'historien Marc Bloch qui, dans *L'Étrange Défaite,* explique peut-être le mieux cette fusion entre le patriotisme et l'universalisme français. « Je suis, je m'en flatte, écrit-il, un bon citoyen du monde et le moins chauvin des hommes [...].

Mais l'étroitesse d'âme [...] a consisté précisément à refuser d'accorder ces sentiments avec d'autres élans, non moins respectables. Je n'ai jamais cru qu'aimer sa patrie empêchât d'aimer ses enfants ; je n'aperçois point davantage que l'internationalisme de l'esprit ou de la classe soit irréconciliable avec le culte de la patrie. Ou plutôt je sens bien, en interrogeant ma propre conscience, que cette antinomie n'existe pas. C'est un pauvre cœur que celui auquel il est interdit de renfermer plus d'une tendresse. » Marc Bloch, résistant, sera fusillé par les Allemands.

C'est cela, l'histoire de la France.

– Soit. Tu me parles d'universalisme, d'instituteurs, de droits de l'homme ou bien des héros, de ceux qui donnèrent leur vie pour la patrie confondue pour eux avec la liberté. Et les autres ? Ceux dont, chaque jour, on me dit qu'ils étaient la France, et qu'elle doit donc s'agenouiller pour demander pardon d'avoir permis, favorisé la persécution. Qu'elle ne vaut pas mieux, la France, que n'importe quelle autre nation. Que les hommes d'État français qui promulguaient les mesures antijuives en octobre 1940, que les fonctionnaires français qui les appliquaient, que les policiers français qui raflaient les enfants porteurs de l'étoile jaune et les conduisaient, le 16 juillet 1942, au Vélodrome d'Hiver, à Paris, puis à Drancy, que les gendarmes français qui gardaient les camps où l'on entassait ces victimes sont aussi le visage de la France. Et qu'il est normal qu'elle fasse « repentance ».

– On oublie qu'elle avait sur la gorge la botte de l'occupant et que ceux qui se mirent au service de l'ennemi étaient des traîtres. Je te l'ai dit, c'est un Français, Pierre Cauchon, évêque de Beauvais, rallié aux Anglais, qui se fit l'accusateur de la « fille de

Dieu », Jeanne d'Arc. C'est lui qui présida la cour qui condamna Jeanne à être brûlée vive.

Est-ce que la France doit demander pardon aux chrétiens pour le crime commis par le « collaborateur » des Anglais ? Ou bien la France doit-elle être fière de sa Jeanne ? Jeanne la martyre ? Et doit-on perpétuer son souvenir, ou bien dire que Cauchon, ce fut la France, alors qu'il l'avait trahie ? Et pourquoi la France devrait-elle s'agenouiller comme si elle avait partie liée avec ceux qui la vendirent ?

Des lâches, des délateurs, des traîtres et des bourreaux, des complices, des collaborateurs de l'étranger, l'histoire de France en est pleine. Ceux qui constituent l'élite de ce pays, sache-le, ont si peur du peuple qu'ils veulent gouverner, que souvent ils préfèrent l'abandonner, se réfugier derrière le bouclier étranger pour jouir du pouvoir. Ils prétendent cependant agir au nom de la France – et certains le croient.

Faut-il résister aux Romains, aux Germains, aux Anglais, aux Espagnols, aux Russes, aux Américains, ou capituler et satisfaire leurs désirs, appliquer leur politique ? C'est une vieille histoire. Et ces propagandistes de la soumission réussissent à détourner « de la patrie des hommes faits pour la servir[1] ». Et la France a jugé, condamné à mort, en 1945, les « dévoyés de l'action » – un Darnand, héros français de la guerre de 1939, mais devenu chef de la milice pro-nazie – et leurs inspirateurs – un Brasillach, fin lettré, romancier, poète et antisémite fanatique, un Pierre Laval, homme politique qui a souhaité « la victoire de l'Allemagne », et un Pétain, maréchal de France, qui a couvert de son nom cette politique là.

Faut-il s'agenouiller pour demander pardon

1. Charles de Gaulle, *Mémoires de guerre*, t. 3 : *Le Salut*.

comme si la France s'identifiait à ces traîtres, ou bien rester debout ? France fière d'un Jean Moulin, l'ancien préfet président du Conseil national de la Résistance, mort sous la torture sans avoir parlé, France orgueilleuse des dizaines de milliers d'autres Français qui ont choisi la Résistance, combattu à Bir Hakeim ou dans le Vercors ?

Qu'est-ce que la France : l'évêque Cauchon, Pétain, Brasillach, Laval et Papon, l'exécutant prudent et habile, ou bien Jeanne d'Arc, de Gaulle, Jean Moulin et le résistant anonyme qui, sourire aux lèvres, regarde les nazis qui vont le fusiller ? L'histoire nationale a retenu Jeanne, elle se souviendra de De Gaulle. Elle n'a pas à faire *mea culpa* pour Cauchon et Papon. Ni à s'identifier à tous ceux qui en âge de combattre préférèrent ne pas voir la tragédie nationale afin de continuer leur vie égoïste et tranquille.

– Je ne comprends plus. Tu parlais d'héritage indivis, et maintenant tu sembles faire le tri entre les Français : tu gardes Jeanne et tu exclus l'évêque Cauchon qui la condamne. Tu retiens de Gaulle et Jean Moulin, et tu écartes Pétain, Brasillach, Laval et leurs comparses. Ne sont-ils pas français ?

– Ils le sont. Ils font partie de notre histoire, même s'ils ont choisi de servir l'étranger. La France est un pays qui se déchire.

Il y a ainsi, à Paris, rue Picpus, un petit cimetière privé. Là reposent 1 366 corps ensevelis dans deux fosses communes ouvertes au temps de la Grande Terreur, entre le 14 juin et le 27 juillet 1794. Des religieuses de la congrégation des Sacrés Cœurs de Jésus et de Marie et de l'Adoration perpétuelle du Saint-Sacrement prient, depuis 1805, sans jamais s'interrompre, pour le repos de ces Français qui furent des adversaires de la Révolution ou que l'on suspecta – souvent sans raison – de l'être, et aussi pour leurs bourreaux. Mêlés aux patronymes anonymes de gens du peuple, toutes les familles de la noblesse française sont réunies là. On lit sur les tombes ces noms qui jalonnent l'histoire nationale : La Rochefoucauld, Noailles, Montmorency, La Fayette, payant de leur vie d'appartenir à un monde français qui s'effondrait, et à une caste dont les privilèges étaient devenus insupportables et dont, de plus, les membres les plus éminents avaient émigré, servant dans l'armée étrangère.

On fait quelques pas, et voici sur un mur une plaque où l'on retrouve les mêmes noms, ceux des descendants de ces familles, morts au champ d'honneur durant la « grande guerre » de 1914 à 1918 ou disparus dans les camps nazis de la Deuxième Guerre mondiale, Buchenwald, Mauthausen, Dachau. Le fil s'est renoué entre l'histoire nationale et ceux des siens qui, un temps, s'étaient écartés.

Reste la trace d'une hécatombe, d'une blessure qui a ouvert une nouvelle période de l'histoire française.

Désormais, on est français parce qu'on est citoyen, qu'on accepte les principes qui fondent la nation. Durant un millénaire, le roi de droit divin avait incarné le principe d'unité. Le roi tué, il faut à chaque étape de l'histoire française retrouver le sens de la nation, la refonder par le vote, l'adhésion à une constitution.

La France, depuis qu'elle est République, ne trouve sa légitimité qu'en elle-même, c'est-à-dire dans le sens qu'elle donne à son histoire.

Si le Français ne vote plus, si ceux qui sont à la tête de l'État ne réussissent plus à croire à l'avenir de la nation et à le dessiner, alors l'abîme s'ouvre.

Car rien, ni monarque, ni religion, ni communauté de sang et de race, ne constitue la nation aujourd'hui. Elle est communauté de citoyens. Qu'ils se dispersent, et elle n'est plus, parce qu'il n'y a pas de race française mais des personnes qui restent ensemble parce qu'elles le désirent. L'important, ce n'est pas qu'ils soient français de naissance, mais « français de préférence ». Il ne suffit pas que l'État déclare qu'il y a un « droit du sol », qui fait que l'enfant né en France de parents étrangers est, à certaines conditions, français. Encore faut-il *vouloir* être français, accepter les principes – la république, la laïcité – qui aujourd'hui caractérisent la nation.

– Et s'il ne s'agissait que d'apparences ? Tu sais bien qu'il y a des Français dont le visage et le nom feront, pour certains de ceux qui les croisent, toujours des étrangers dès qu'ils quitteront la pelouse du stade où on veut bien les applaudir ; ils susciteront la peur, et donc le mépris et la haine.

– Comment le nier ? Mais la France, depuis qu'elle existe, voit se succéder des populations d'origines différentes. Et elle les fond dans son creuset, s'ils le veulent, et à condition qu'elle continue de se donner un avenir.

Mais, je te l'accorde, si la France n'est plus qu'une maison vide, dont ceux qui l'occupent disent qu'elle ne représente plus rien, alors pourquoi vouloir devenir français, et pourquoi le rester ? Voilà la question cruciale de ce moment de notre histoire. Elle ne se pose pas seulement parce qu'il y a des difficultés sociales. Elle est brûlante, parce que la France hésite, doute d'elle-même malgré l'embrasement d'une compétition sportive, et que ses élites, tout en célébrant le patriotisme le temps de quelques matches de football, proclament qu'elle ne peut plus être souveraine. Ce qui signifie qu'elle doit disparaître comme nation. Voilà pourquoi chacun, ici, se replie, oublie la nation pour ne penser qu'à sa communauté.

Laisse-moi te raconter une histoire.

En février 1944, la police allemande fait placarder sur les murs de Paris une « affiche rouge » qui comprend quelques portraits de résistants arrêtés. Leurs noms sont inscrits en lettres capitales pour que chacun puisse découvrir que GRZYWACZ, BOCZOV, RAYMAN, MANOUCHIAN, ALFONSO, FONTANOT, d'autres, sont des étrangers. L'affiche interroge en grosses lettres : « Des libérateurs ? La libération par l'armée du crime ! »

Imagine que tu passes devant cette affiche dans ce Paris occupé par les nazis où « tout avait la couleur uniforme du givre ».

Entends cette voix qui décrit ce temps-là :

« Vous aviez vos portraits sur les murs de nos villes
Noirs de barbe et de nuit hirsutes menaçants
L'affiche qui semblait une tache de sang
Parce qu'à prononcer vos noms sont difficiles
Y cherchait un effet de peur sur les passants

Nul ne semblait vous voir Français de préférence
Les gens allaient sans yeux pour vous le jour durant
Mais à l'heure du couvre-feu des doigts errants
Avaient écrit sous vos photos MORTS POUR LA FRANCE
Et les mornes matins en étaient différents. »

C'est un poète, Aragon, qui, plus tard, a fait entrer ainsi ces patriotes français venus d'ailleurs dans le grand chant national.

Écoute la dernière de ces *Strophes pour se souvenir* :

« Ils étaient vingt et trois quand les fusils fleurirent
Vingt et trois qui donnaient leur cœur avant le temps

Vingt et trois étrangers et nos frères pourtant
Vingt et trois amoureux de vivre à en mourir
Vingt et trois qui criaient la France en s'abattant [1]. »

Ceux-là, juifs hongrois ou polonais, arménien, espagnol, italien, dans ce moment de l'histoire de France où un gouvernement composé de Français de naissance les traquait, les livrait aux Allemands, se voulaient « français de préférence », parce qu'ils identifiaient la France à la Liberté, à l'Égalité et à la Fraternité. Elle était pour eux non pas celle qui avait injustement condamné, un demi-siècle avant, le capitaine Dreyfus parce qu'il était juif, mais celle qui, par la plume d'un écrivain, *français de préférence* lui aussi, Émile Zola, italien de naissance, avait lancé un *J'accuse*, qui allait faire triompher la justice.

À la veille d'être exécuté, l'un de ces résistants écrit à sa compagne une lettre qu'Aragon traduit ainsi :

« Un grand soleil d'hiver éclaire la colline
Que la nature est belle et que le cœur me fend
La justice viendra sur nos pas triomphants
Ma Mélinée ô mon amour mon orpheline
Et je te dis de vivre et d'avoir un enfant. »

Ce patriote, Manouchian, pensait sans doute que cet enfant, né d'étrangers, serait français de plein droit, qu'il serait à *égalité des chances* avec tous les autres enfants, et que *l'école laïque, obligatoire et gratuite* en ferait un citoyen, libre, capable s'il le fallait, s'il était nécessaire, de se rebeller et de mourir pour ses idées et la France. Et qu'il apprendrait l'histoire et les principes de son pays, découvrant

1. Aragon, « Strophes pour se souvenir », *op. cit.*.

que ce sont eux qui, dans la République française, unissent sur un même sol tous les citoyens et non le sang ou la race.

– Regarde la France, crois-tu qu'elle ressemble à ce que tu m'en dis ?

– Cela dépend de toi, maintenant. Sache qu'une nation, c'est d'abord le projet, les rêves que tu feras pour elle, toi qui appartiens à l'avenir.

Écoute-moi encore.

Un jour d'hiver, dans le vent froid qui, ce 19 décembre 1964, balaie la place du Panthéon, devant ce monument consacré aux grands hommes qui fut église, et alors que la tour Clovis au bout de la place disparaît déjà dans la pénombre, André Malraux, romancier, ministre du général de Gaulle – qui est là, debout –, s'avance. Il commence à lire d'une voix saccadée un hommage à Jean Moulin, ce héros de la Résistance, dont les cendres vont entrer au Panthéon.

« Écoute aujourd'hui, jeunesse de France, ce qui fut pour nous le chant du malheur. C'est la marche funèbre des cendres que voici. À côté de celles de Carnot avec les soldats de l'An II, de celles de Victor Hugo avec les misérables, de celles de Jaurès veillées par la Justice, qu'elles reposent avec leur long cortège d'ombres défigurées.

« Aujourd'hui, jeunesse, puisses-tu penser à cet homme comme tu aurais approché tes mains de sa pauvre face informe du dernier jour, de ses lèvres qui n'avaient pas parlé : ce jour-là, elle était le visage de la France. »

Tu restes songeur, peut-être refuses-tu cette image de la souffrance et de la guerre, vieille déjà d'un demi-siècle. Je comprends ton sentiment. Alors, toi et moi souvenons-nous de la joie partagée en juillet 1998 quand, brusquement, à la grande surprise de ceux qu'on nomme les élites, la France s'est couverte de tricolore parce que son équipe de football était championne du monde.

Ne vois-tu pas que c'est toujours la même histoire ? Que l'on pourrait dire aux joueurs : « à prononcer vos noms sont difficiles » et que personne, à l'exception d'une poignée, parmi ceux qui pensent, parlent, écrivent, gouvernent, n'imaginait ce rebond du patriotisme ?

Après, bien sûr, ils ont couru se barbouiller le visage de tricolore pour se mettre, le temps d'une finale, au diapason du peuple. Mais quel projet vont-ils offrir à la France ? De ne plus exister que comme équipe de football tous les quatre ans ? Mais, crois-moi, ce ne sera pas suffisant pour le peuple français !

Écoute ce que dit de ce peuple Charles Péguy et dont je me suis souvenu en le voyant se répandre dans les rues, comme pour exprimer dans une libération joyeuse sa volonté d'appartenir, quelles que soient ses origines, à une même nation :

« Singulier peuple toute eau leur est une source vive,
Toute eau qui tombe leur devient une eau courante.
Par le ministère de l'espérance.
Toute eau, toute eau mauvaise, leur devient une eau
    potable.
Les eaux mauvaises les rendent souvent malades.
Les eaux mauvaises ne les empoisonnent jamais,
Ils boivent impunément de tout,
Par les accointances qu'ils ont avec cette petite
Espérance [1]. »

1. Charles Péguy, *Le Porche du mystère de la deuxième vertu.*

Jacky Mamou
L'Humanitaire expliqué à mes enfants

Jean Clottes
La Préhistoire expliquée à mes petits-enfants

Tahar Ben Jelloun
L'Islam expliqué aux enfants

Emmanuelle Huisman-Perrin
La Mort expliquée à ma fille

Patricia Lucas et Stéphane Leroy
Le Divorce expliqué à nos enfants

Roger-Pol Droit
La Philosophie expliquée à ma fille

Antoine Prost
La Grande Guerre expliquée à mon petit-fils

Michel Vovelle
La Révolution française expliquée à ma petite-fille

Bernard Sesboüé
Le Da Vinci code *expliqué à ses lecteurs*

Jacques Le Goff
avec la collaboration de Jean-Louis Schlegel
Le Moyen Âge expliqué aux enfants

Jean-Christian Petitfils
Louis XIV expliqué à mes enfants

RÉALISATION : PAO ÉDITIONS DU SEUIL
IMPRESSION : NORMANDIE ROTO IMPRESSION S.A.S. - 61250 LONRAI
DÉPÔT LÉGAL : JANVIER 1999. N° 34848-5 (06-3297) - IMPRIMÉ EN FRANCE